www.ingramcontent.com/pod-product-compliance
Lightning Source LLC
LaVergne TN
LVHW010434070526
838199LV00066B/6025
9789358724950

آئینۂ احساس

(مجموعہ کلام)

امید فاضلی

© Taemeer Publications LLC

Aaina-e-Ehsaas *(Poetry)*
by: Ummeed Fazli
Edition: December '2024
Publisher :
Taemeer Publications LLC (Michigan, USA / Hyderabad, India)

ISBN 978-93-5872-495-0

مصنف یا ناشر کی پیشگی اجازت کے بغیر اس کتاب کا کوئی بھی حصہ کسی بھی شکل میں بشمول ویب سائٹ پر اَپ لوڈنگ کے لیے استعمال نہ کیا جائے۔ نیز اس کتاب پر کسی بھی قسم کے تنازع کو نمٹانے کا اختیار صرف حیدرآباد (تلنگانہ) کی عدلیہ کو ہوگا۔

© تعمیر پبلی کیشنز

کتاب : **آئینۂ احساس** (مجموعہ کلام)

مصنف : **امید فاضلی**

صنف : شاعری

ناشر : تعمیر پبلی کیشنز (حیدرآباد، انڈیا)

سالِ اشاعت : ۲۰۲۴ء

صفحات : ۶۴

سرورق ڈیزائن : تعمیر ویب ڈیزائن

فہرست

سنہ ۱۹۴۲ء تا سنہ ۱۹۶۰ء

پھر مقبرۂ وقت سے اِک لمحے نے اُٹھ کر	8
موسم کی گذرگاہ میں سورج کے اثر سے	9
تھی جو لہو سے حرف کو نسبت نہیں رہی	11
ہجر کو قرب کے احساس سے دیکھا جائے	13
یہ خود فریبیٔ احساسِ آرزو تو نہیں	15
اپنی تباہیوں میں ترا ہاتھ پا کے ہم	17
جب چاہا جس مقام پہ چاہا بدل گئی	18
فکر تنقیصِ مئے و جام سے آگے نہ بڑھی	19

غم و اندوہ سے اے دل نہ ہراساں ہونا	21
آپ کیوں کرنے لگے ہم ہجر کے ماروں کی بات	23
یہ غم دل کے لئے کچھ کم نہیں ہے	25
دیکھئے تو ہجر ہے اس درجہ تنہائی کہ بس	27
چلے جاؤ اُسے نقصان دل و جاں ہی سہی	29
اور کچھ میرا کرم ہم یہ ہوا یا نہ ہوا	31
اے عشق چھیڑ دے کوئی موضوع خوبرو ئے دوست	33
حوصلہ مقتل انفاس میں ہارا تو نہیں	35
اک وفا دشمن وفا سے آشنا ہونے کو ہے	37
بہار آتے ہی خوشش ہو چلے تھے دیوانے	39
خیالوں کے سرو سمن ڈھونڈتا ہوں	41
دن ڈھلا لوگ اپنے اپنے گھر چلے	43
مجبول خنداں اُداس شبنم ہے	45
کیا محفل جاناں میں اب جان نہیں کوئی	47
بجائے یاد کرنے کے بھلا دیتیں تو اچھا تھا	48
شور یادوں کا مچائے رکھنا	49
چین نہ آئے جس میں جی کو	51
تنہا ہر خیال کی رُوز دیات،	53

اُمید فاضلی کیفیتِ فن اور کیفیتِ شعر دونوں سے باخبر ہیں۔ ان کے کلام کو پڑھ کر اُن کی ذہانت اور نکتہ رسی کا قائل ہونا پڑتا ہے۔ نکتہ رسی سے ہمارے شعرا بیگانے ہوتے جاتے ہیں حالانکہ یہ چیز فن کی بالیدگی کے لیے ضروری ہے۔ اس کے بغیر شعر کا پس منظر اور فکری محلِ وقوع اوجھل ہو جائے گا۔

اُمید فاضلی غزل کی رمز شناسی کو جانتے ہیں۔ اُن کی غزلوں میں تازگی، شگفتگی اور نزاکتِ خیال ہے مگر اجنبیت اور غرابت نہیں ہے۔ اُن کو پڑھ کر آدمی بدحواس نہیں ہوتا محظوظ ہوتا ہے اگر شاعری کسی سطح پر بھی پڑھنے والے میں حظ پیدا کر سکے تو مقامِ شکر بن جاتی ہے۔ اُمید فاضلی صاحب کی شاعری میں بڑی بات یہ ہے کہ وہ ذوق کو بگاڑتی نہیں سنوارتی ہے۔

پروفیسر مجتبیٰ حسین

اُمید فاضلی کی غزل کا رشتہ وجود اعلیٰ ترین تخلیقی حالتوں سے ہے۔ وہ زمان و ذات کی خیال انگیز اور ملال انگیز معنویتوں کے حساس ترین شاعر ہیں۔ دانش کا ایک دکھ ہے جو مجھے اُن کی غزل میں اپنی ایک عجیب سی ماجرا خیزی کے ساتھ سلسلۂ جنباں محسوس ہوتا ہے۔ وہ میرے ایک ایسے پیش رو ہیں جو اپنے پس روؤں کو متاثر ہی نہیں مرعوب بھی کرتے ہیں۔ اُن کے پورے تخلیقی سرمائے کا جائزہ پیش کیا جائے تو اُن کے بعض قدر داں بھی حیران رہ جائیں۔ اُن کی شخصیت میں جو خلاقانہ جامعیت پائی جاتی ہے، اس کی جرأت ہماری نسل کے لیے ایک نسخۂ کیمیا ثابت ہوگی۔ وہ اپنی کیفیت اور کمیت، مجموعیت اور کلیت میں بلاشبہ قدرِ اول کے شاعر ہیں اور ان کا فن قدرِ اول کا فن ہے۔

جون ایلیا

پھر مقبرۂ وقت سے اک لمحے نے اُٹھ کر
آئینۂ احساس پہ پتھراؤ کیا ہے

موسم کی گُذرگاہ میں سورج کے اثر سے
سائے کو جدا کر دیا جاتا ہے شجر سے

میں آج سبک سر ہوں تو یاد آتا ہے کیا کیا
وہ بارِ رفاقت کہ اُتار آیا تھا سر سے

جاری ہے سفر اب بھی اُسی راہ گُذر میں
ہم دور نکل آئے تھے جس راہ گُذر سے

یہ بھیڑ، یہ بازار، یہ چہرے، یہ حسیں لوگ
تنہائی مِری روح میں در آئی کِدھر سے

الفاظ کے مقتل میں کھڑا سوچ رہا ہوں
آنسو بھی نہ چھن جائیں کہیں دیدۂ تر سے

جب مصلحتِ وقت اُٹھا دیتی ہے دیوار
احساس مِلا دیتا ہے خواہش کو خبر سے

دستک سی درِ دل پہ یہ بادِ سحری کی
میرے لئے پیغام ہے خوشبو کے نگر سے

ہو لاکھ ہوا تیز مگر غم نہیں اُمیدؔ
لو حرف کی روشن ہے مرے خونِ جگر سے

۱۹۶۰ء

تھی جو لہو سے حرف کو نسبت نہیں رہی
سچ کیا کہیں کہ اب یہ روایت نہیں رہی

اُس سے تو کیا گلہ کہ جدائی کے موڑ پہ
خود اپنے سائے کی بھی رفاقت نہیں رہی

اک داستانِ دردِ زمانے کو دے گئی
وہ کیفیت کہ حرف و حکایت نہیں رہی

خود اپنی زندگی کے تضادوں کے درمیاں
زندہ ہوں یوں کہ جینے کی صورت نہیں رہی

یوں سُن رہا ہوں آج محبّت پہ تبصرے
جیسے مجھے کسی سے محبّت نہیں رہی

ہر چند ہم سے لوگ گئے جان سے مگر
تجھ سے جفائے یار ندامت نہیں رہی

دامانِ اعتبارِ تمنّا پہ داغ ہے
وہ آرزو جو تجھ سے عبارت نہیں رہی

ہم نے ہزار ناموں سے چاہا اُسے اُمیدؔ
اپنے سوا کسی سے رقابت نہیں رہی

۱۹۵۹ء

ہجر کو قُرب کے احساس سے دیکھا جائے
یوں بھی اِک روز تجھے پاس سے دیکھا جائے

میں کوئی خواب نہیں ہوں کسی سائے کی طرح
دھوپ کہتی ہے مجھے پاس سے دیکھا جائے

زندگی واقعی نعمت ہے بشرطیکہ اسے
اک ذرا ہٹ کے رہِ یاس سے دیکھا جائے

زہرِ غم نشۂ صہبا سے کوئی کم ہے مگر
نگہِ رندِ خوش انفاس سے دیکھا جائے

فاصلہ قرب میں کچھ اور بھی بڑھ جاتا ہے
ہائے کس طرح اُسے پاس سے دیکھا جائے

ساتھیو شرطِ سفر کب ہے کہ ہر کانٹے کو
آبلہ پائی کے احساس سے دیکھا جائے

خور و مہ و مہر ہیں محتاجِ شب و روز اُمید
کن چراغوں کی طرف آس سے دیکھا جائے

۱۹۵۸ء

یہ خود فریبیٔ احساسِ آرزو تو نہیں
تری تلاش کہیں اپنی جستجو تو نہیں

حجاب اُٹھتے ہیں لیکن وہ روبرو تو نہیں
شریکِ عشق کہیں کوئی آرزو تو نہیں

سکوت وہ بھی مسلسل سکوت کیا معنی
کہیں یہی ترا اندازِ گفتگو تو نہیں

نگاہِ شوق سے غافل سمجھ نہ جلووں کو
شراب کچھ بھی ہو بیگانۂ سبو تو نہیں

کہاں یہ عشق کے دُکھ اور کہاں وہ حسنِ تمام
یہ سوچتا ہوں کہ میں اپنے رُوبرو تو نہیں

خُوشی سے ترکِ محبت کا عہد لے مجھ سے
مگر یہ دیکھ مژہ پہ تری لہُو تو نہیں

اُداس کر دیا کس نے اُنھیں بھی آج اُمید
مری نگاہِ تمنا کہیں یہ تُو تو نہیں
۱۹۵۷ء

اپنی نگاہوں میں ترا ہاتھ پاکے ہم
دنیا کے ظلم سہتے رہے مُسکرا کے ہم

تیرے سُپرد تیری اَمانت نگاہِ دوست
دیر و حرم سے لائے ہیں دِل کو بچا کے ہم

مجبور ہو کے دِل سے پھر آنا پڑا وہیں
گذرے تھے جس مقام سے دامن بچا کے ہم

گردِ سفر چھٹی تو کھُلا بھید یہ اُمید
منزل سے دور ہو گئے منزل کو پا کے ہم

جب چاہا جس مقام پہ چاہا بدل گئی
دنیا بھی اُس نگاہ کے سانچے میں ڈھل گئی

اپنے کرم کا آپ کو احساس بھی نہیں
لیکن کسی غریب کی دنیا بدل گئی

جس زندگی پہ تیری نظر مہرباں ہے آج
تیرے کرم کی حد سے وہ آگے نکل گئی

چہرے پہ اُن کے دوڑ گیا رنگِ انفعال
کیا بات بیخودی میں زباں سے نکل گئی

۱۹۴۲ء

فکرِ تنقیصِ مئے و جام سے آگے نہ بڑھی
پارسائی روشِ عام سے آگے نہ بڑھی

عشق نے عالمِ بے شام و سحر پا ہی لیا
عقل قیدِ سحر و شام سے آگے نہ بڑھی

شکوہ تو آپ سے کرنا تھا مگر میری زباں
شکوۂ گردشِ ایام سے آگے نہ بڑھی

اُس نے چاہا تو بہت درد کا درماں کرنا
بات لیکن کبھی پیغام سے آگے نہ بڑھی

اس کے صدقے مری کُل عمرِ وفا جس کی جفا
ایک میرے دلِ ناکام سے آگے نہ بڑھی

میرے اُس خواب پہ اربابِ خرد چونک اُٹھے
جس کی تعبیر ترے نام سے آگے نہ بڑھی

ان سے مُدّت کی مُلاقات کے باوصف اُمیدؔ
آرزو نامۂ بے نام سے آگے نہ بڑھی

۱۹۵۳ء

غم و اندوہ سے اے دل نہ ہراساں ہونا
حسنِ آئینہ ہے آئینہ کا حیراں ہونا

وہ نہیں چاہتے پردوں سے نمایاں ہونا
جذبۂ شوق ذرا سلسلہ جنباں ہونا

اہلِ دل ہی کو عطا ہوتی ہے توفیقِ جنوں
سب کی قسمت میں کہاں چاک گریباں ہونا

رخصتِ دوست کا عالم کوئی پوچھے ہم سے
ہم نے دیکھا ہے بھرے گھر کا بیاباں ہونا

وہ ترا وعدۂ فردا وہ گراں باریٔ شوق
وہ مرے گھر کا مرے واسطے زنداں ہونا

اُف یہ دستورِ چمن آہ یہ آئینِ حیات
پھول کھلاتا ہے غنچہ کا پریشاں ہونا

موت کہتے ہیں جسے کچھ بھی نہیں اسکے سوا
سازوساماں کے لئے بے سروساماں ہونا

کتنے خورشید سرِ دجلۂ شب ڈوب گئے
کوئی آساں نہیں ظلمت کا پریشاں ہونا
۱۹۵۶ء

آپ کیوں کرنے لگے ہم ہجر کے ماروں کی بات
کون کرتا ہے جہاں میں ڈوبتے تاروں کی بات

کس سے کہئیے آدمیت کے پرستاروں کی بات
لب پہ باتیں امن کی ہیں دل میں تلواروں کی بات

اب تو اربابِ سکوں کو یہ گوارا بھی نہیں
درد کے مارے ہی سن لیں درد کے ماروں کی بات

خود فروشی شیوۂ اربابِ دانش ہے یہاں
کون سمجھے اس نگر میں ہم سے خودداروں کی بات

بہکی بہکی سی زباں پر گفتگو آنے لگی
مُحتسِب نے جب کبھی چھیڑی ترے میخواروں کی بات

جَذب کر لی خندہ پیشانی سے غنچوں نے اُمید
ورنہ تو شبنم کے سینے میں تھی اَنگاروں کی بات

۱۹۴۷ء

یہ غم دل کے لئے کچھ کم نہیں ہے
کہ دل ہے اور دل میں غم نہیں ہے

مری توبہ کا غم کچھ کم نہیں ہے
بظاہر چشمِ ساقی نم نہیں ہے

شکستہ ہو کے قیمت کم نہیں ہے
یہ میرا دل ہے جامِ جم نہیں ہے

خدا کی شان اب وہ ناخدا ہیں
سرِ دامن بھی جن کا نم نہیں ہے

شعورِ میکشی گر ہو میسّر
سُرورِ تشنگی بھی کم نہیں ہے

یہ کیسی رَو چلی ہے شہرِ جاں میں
کوئی گھر آج بے ماتم نہیں ہے

ہر اک آنسو کی اک قیمت ہے لیکن
کوئی آنسو علاجِ غم نہیں ہے

خرد کی گمرہی تسلیم لیکن
جُنونِ آگہی بھی کم نہیں ہے

نوا ہو، حرف ہو یا آگہی ہو
وہی ہے زخم جو مَرہم نہیں ہے

اُمیدؔ اس پر نوازش کیوں ہو غم کی
جسے توفیقِ ضبطِ غم نہیں ہے

۱۹۵۴ء

دیکھئے تو ہجر ہے اس درجہ تنہائی کہ بس
سوچئے تو اتنی قربت ایسی یکجائی کہ بس

مُحتسِب میں تو نہ پیتا لیکن اس کو کیا کروں
توبہ کرتے ہی فلک پر وہ گھٹا چھائی کہ بس

شکوۂ دوراں سے آگے بڑھنے والی تھی زباں
جانی پہچانی سی لیکن اک صدا آئی کہ بس

آخرِ شب نشّۂ سر تیز تھی خود ہی شراب
اور پھر اُس پر مرے ساقی کی انگڑائی کہ بس

زندگی بھر اعتبار اس کا نہ میں کرتا مگر
اُس نے اِس انداز سے میری قسم کھائی کہ بس

اب تو ذکرِ عشق سے بھی کانپ اٹھتا ہوں اُمیدؔ
ایسی اچھی بات کی ایسی سزا پائی کہ بس

۱۹۴۹ء

چاہے جاؤ اُسے نقصانِ دل و جاں ہی سہی
عشق پھر عشق ہے آشفتہ و حیراں ہی سہی

کم سے کم اتنا تو اب حوصلۂ عشق ہوا
اُن کا دامن نہ سہی اپنا گریباں ہی سہی

روک سکتا ہے کہیں قافلۂ اہلِ حیات
حائلِ راہِ سفر وقت کا طوفاں ہی سہی

درد کو درد بہتر حال کہا جاتا ہے
آپ کہتے ہیں یہ درماں ہے تو درماں ہی سہی

اس سے کچھ فاصلہ قُربت میں نہ ڈھل جائے گا
عِشق ویراں ہی سہی حُسن پشیماں ہی سہی

بھول جانا مجھے خود بس کی ترے بات نہیں
تو مری یاد سے ہر لمحہ گریزاں ہی سہی

کسی قیمت پہ نہ پاؤ گے پھر اُمّید کے بعد
جنسِ نایابِ محبّت ابھی ارزاں ہی سہی
۱۹۵۰ء

اور کچھ تیرا کرم ہم پہ ہوا یا نہ ہوا
یہ بھی کیا کم ہے کہ دل واقفِ دُنیا نہ ہوا

آہ وہ درد کہ جس کو نہیں نسبت تجھ سے
ہائے اُس دل کا مقدر کہ جو تیرا نہ ہوا

کھائے ہیں تیری نگاہوں سے کچھ ایسے دھوکے
بارہا عشق کو اپنا بھی بھروسا نہ ہوا

ذہن پر چھائی رہی تیرے بدن کی خوشبو
ہائے وہ تیرا تصور کہ جو تجھ سا نہ ہوا

وہ تو مائل بہ کرم ہو ہی چلا تھا لیکن
غیرتِ عشق کو یہ بھی تو گوارا نہ ہوا

میں تو بیگانہ گذر جاتا رہِ دل سے اُمیدؔ
وہ مرے حال سے غافل مگر ایسا نہ ہوا
۱۹۴۷ء

اے عشق چھیڑ دے کوئی موضوعِ خوئے دوست
ہوگا نہ ختم سلسلۂ گفتگوئے دوست

نظریں ہیں اور سمت توجّہ ہے سوئے دوست
یہ کیا بتا دیا ہے مجھے آرزوئے دوست

بے وجہ پائے شوق میں لغزش نہیں ہے آج
شاید کہ آ چلا ہوں میں نزدیکِ کوئے دوست

بکھری ہے اس قدر مرے شانوں پہ زلفِ یار
اب اپنی سانس سے مجھے آتی ہے بوئے دوست

شکوے زبانِ شوق تک آ آ کے رہ گئے
دیکھا جو ہم نے اُڑتا ہوا رنگِ روئے دوست

دیر و حرم میں عشق بھٹکتا رہا مگر
دل کے قریب آ کے رُکی جستجوئے دوست
۱۹۴۶ء

حوصلہ مقتلِ انفاس میں ہارا تو نہیں
مِٹ گیا عشق مگر تجھ کو پکارا تو نہیں

رقص کرتے ہوئے دیوانے چلے دار کی سمت
اس میں کچھ تیری نگاہوں کا اشارا تو نہیں

موجِ دریا بھی ہے طوفاں بھی ہے گرداب بھی ہے
زندگی صرف کنارا ہی کنارا تو نہیں

پاؤں اٹھنے لگے بے ساختہ تیری ہی طرف
تو نے اے دوست کہیں مجھ کو پکارا تو نہیں

فطرتاً دل کا تقاضہ ہے کہ تو ساتھ رہے
لیکن اے دوست یہ دنیا کو گوارا تو نہیں

وہ تو کچھ پاس محبت کا ہے دل کو ورنہ
تیرے جلوؤں پہ ہی کچھ اپنا گزارا تو نہیں

لو دیئے جاتی ہیں تنہائی میں یہ دیپ کی
تیری پلکوں سے وہ ٹوٹا ہوا تارا تو نہیں؟

مطمئن سا نظر آتا ہے تباہی میں امید
اس تباہی میں کہیں ہاتھ تمہارا تو نہیں

۱۹۴۵ء

اک وفا دشمن وفا سے آشنا ہونے کو ہے
آج ہر شے اپنے مرکز سے جدا ہونے کو ہے

یہ لبِ دریا یہ بھیگی شب یہ سیمیں چاندنی
ہائے یہ موسم مگر کوئی جدا ہونے کو ہے

رخصت اے میرے تقدس لے مری توبہ سلام
آج اک تقویٰ شکن کا سامنا ہونے کو ہے

اُن کے چہرے پر اُداسی اُن کی آنکھوں میں نمی
یاالٰہی خیر اب دنیا میں کیا ہونے کو ہے

سازِ دل، سازِ تمنا، سازِ ہستی، سازِ شوق
آکہ اِک اِک ساز تجھ بن بے صدا ہونے کو ہے

دیکھیے ہم دیکھ بھی سکتے ہیں ان کو یا نہیں
مدتوں کے بعد ان کا سامنا ہونے کو ہے
۱۹۵۱ء

بہار آتے ہی خوش ہو چلے تھے دیوانے
یہ نامراد ہواؤں کا رُخ نہ پہچانے

تری طلب نے ہمیں فُرصتِ نظر ہی نہ دی
ہزار روپ ترا شے تھے ورنہ دُنیا نے

کرم دلیلِ محبت ستم ثبوتِ کرم
مگر یہ اُس کے لئے ہے جو تجھ کو پہچانے

جہاں بھی پیاس نے خود کو سمیٹنا چاہا
بڑھا دیا ہے وہیں تشنگی کو دریا نے

ہَوائے شہر نے گل کر دیئے جو گھر کے چراغ
تو دیپ یادوں کے دل میں جلائے صحرا نے

وہ سوانگ ایسا محبت کا بھر کے آئے اُمید
کہ ایک عمر تلک ہم نہ اُن کو پہچانے

۱۹۴۳ء

خیابوں کے سرو سمن ڈھونڈتا ہوں
جہاں تم ہو وہ انجمن ڈھونڈتا ہوں

جو خوش قامتانِ جنوں پر سجا تھا
محبت کا وہ پیرہن ڈھونڈتا ہوں

پسِ لفظ پہنچی ہے میری سماعت
میں لہجہ میں دل کی دُکھن ڈھونڈتا ہوں

جو وابستۂ حسنِ انسانیت تھی
میں وہ رونقِ انجمن ڈھونڈتا ہوں

وطن تھا تو آزادیاں ڈھونڈتا تھا
اب آزاد ہوں تو وطن ڈھونڈتا ہوں

صداقت عبادت تھی جن کے لہو سے
میں وہ کج کلاہانِ فن ڈھونڈتا ہوں

مہکتی تھی اک دن جو صحرائے جاں میں
وہ گم کردہ روحِ چمن ڈھونڈتا ہوں

ہواؤں کی زد پر جو لو تیز کر لیں
چراغوں میں ایسی لگن ڈھونڈتا ہوں
۱۹۴۸ء

دن ڈھلا لوگ اپنے اپنے گھر چلے
گھر چلے تو یاد کے نشتر چلے

سنگِ غم کا زور پھر کس پر چلے
بے جنوں کارِ خرد کیوں کر چلے

چاہتوں کی دھوپ دے کر جسم کو
شہرِ جاں سے سائباں بے گھر چلے

دیکھئے شب کو ہو گیا ہنگامہ گرم
سرد جھونکے آج بھی دن بھر چلے

پا کے تنہا جسم کو ڈسنے لگی
وہ تمنا جس سے ہم بچ کر چلے

دامنوں پر ہاتھ زنجیروں میں پاؤں
یوں ترے کوچے سے دیدہ ور چلے

ہم کو دیکھو ہم محبت کے لئے
وادیٔ گل میں بھی کانٹوں پر چلے

شب کا وہ سناٹا وہ صحرا کا ذکر
یہ گماں گذرا کہ بام و در چلے

ہم وہ سادہ ہیں کہ دل سا آئینہ
پتھروں کے دیس میں لے کر چلے

۱۹۵۷ء

پھول خنداں اُداس شبنم ہے
اپنا اپنا طریقۂ غم ہے

آج چلا ہے قرار سا دل کو
کون سا ہجر کا یہ عالم ہے

آج تک حل نہ ہو سکا یہ سوال
زندگی شعلہ ہے کہ شبنم ہے

ہو مرے شکریے کے ساتھ قبول
یہ شکایت کہ درد اب کم ہے

باوجودِ تکلّفاتِ تمام
حُسن کی سادگی مُسلّم ہے

خود کو بھولیں کہ اُس کو یاد کریں
ہر نَفَس گومگو کا عالم ہے

زندگی جس کو لوگ کہتے ہیں
رزم گاہِ شعاع و شبنم ہے

سانس لیتے ہیں جس میں نکہت و رنگ
مجھ میں ایسا بھی ایک موسم ہے
۱۹۴۳ء

(۳۵)

کیا محفلِ جاناں میں اب جان نہیں کوئی
اس آئینہ خانہ میں حیران نہیں کوئی

ساقی کی نگاہوں کا انداز یہ کہتا ہے
جو لُٹ نہ سکے ایسا ایمان نہیں کوئی

ہر روپ میں دیکھا ہے ہر رنگ میں پایا ہے
پھر بھی ترے جلووں کی پہچان نہیں کوئی

میں ان کے کرم کو بھی اک پیار کا رُخ سمجھا
مجھ سا بھی زمانے میں نادان نہیں کوئی

۱۹۴۹ء

بجائے یاد کرنے کے بھلا دیتیں تو اچھا تھا
مجھے افسانۂ ماضی بنا دیتیں تو اچھا تھا

تمھاری جاں نواز آنکھوں میں اور میرے لئے آنسو
یہ آنسو بھی تبسم میں سُلا دیتیں تو اچھا تھا

مذاقِ اہلِ دنیا پست بے حد پست ہے جاناں
مجھے اپنی نظر سے تم گرا دیتیں تو اچھا تھا

ہوائے درد ورنہ دل میں انگارے بچھا دے گی
مرے خوابوں کو سینے میں سُلا دیتیں تو اچھا تھا
۱۹۵۲ء

شور یادوں کا مچائے رکھنا
اس کو بھی خود میں جگائے رکھنا

داؤ چل جائے نہ شب زادوں کا
تو چراغوں کی بڑھائے رکھنا

جانے یہ رات کہاں تک جائے
پیار کے دیپ جلائے رکھنا

غم گساری بھی نمک پاشی ہے
اپنے زخموں کو چھپائے رکھنا

مہرباں ماں کی طرح ہے یہ زمیں
سر یہاں اپنا جھکائے رکھنا

جب بھی خورشیدِ قیامت چمکے
اپنی دیوار کے سائے رکھنا

زلزلے آئیں کہ طوفان اُٹھیں
اپنے قدموں کو جمائے رکھنا

خاک پر چاند نہ اُترے جب تک
آسماں سر پہ اٹھائے رکھنا

جانے ان راہوں سے کب وہ گذرے
خواب آنکھوں میں بچھائے رکھنا

۱۹۵۸ء

چین نہ آئے جس میں جی کو
آگ لگا دو اُس بستی کو

کھیل نہ سمجھو دل کی لگی کو
ہوش میں آؤ رو کو جی کو

گُل کا نام دیا دنیا نے
غنچہ کی دریوزہ گری کو

شہرِ خرد ہے عرصۂ محشر
کون یہاں پہچانے کسی کو

جیسے ہم کو وہ بھولے ہیں
یوں بھی نہ بھولے کوئی کسی کو

امیدؔ اتنے چپ چپ کیوں ہو
روگ لگا بیٹھے کیا جی کو
۱۹۴۲ء

تنہا لہر خیال کی

خوشبو تمھیں اپنی کبھی مہکائے تو آنا
دِل گرمیِ اَنفاس سے گھبرائے تو آنا

زندانِ شب و روز میں دم گھٹتا تو ہوگا
صورت کوئی آنے کی نِکل آئے تو آنا

مگر یہ کون دلِ بے طَلب کو سمجھائے
بُرا ہی کیا تھا اگر زخم بھر گئے ہوتے

کہے یہ کون سرِ شام سونے والوں سے
شَبوں کا لُطف کبھی جاگ کر بھی آتا ہے

کون قرضِ وفا چکاتا ہے
زندگی خود اُدھار کھاتا ہے

یہ سوچتا ہی رہا میں اُسے بھلا دیتا
مگر خیال حقیقت کا ساتھ کیا دیتا

خُوشبو بنو، کرن کی طرح جاگتے رہو
مُجھ میں مِری لگن کی طرح جاگتے رہو

وہ حسیں آنکھ ہو تم دِل کو کہاں یہ منظور
ٹوٹ جاتا ہے یہیں آ کے محبت کا غرور

غُربت میں یکایک ترے پیغامِ کرم سے
جو بیت گئی ہم پہ وہ پوچھے کوئی ہم سے

سحر کی ابتدا ہوئی تو رات ختم ہوگئی
حیات اِک ملی تو اک حیات ختم ہوگئی

ایک چہرے کو چھپانے کے لئے
کتنے چہروں میں چھپا رہتا ہوں

بھولنا بھی تجھی کو چاہتا ہوں
لمحہ لمحہ ترا خیال بھی ہے

زندگی میں ہی کس نے یاد کیا
بعد میں کس کو یاد آؤ گے

پھر آج زندگی ہے نئے دکھ لئے ہوئے
پھر آج تیرے غم کی ضرورت ہوئی مجھے

شہرِ جاں تیرے لئے جو رات سے لڑتے رہے
اُن گھروں کے بام و در سے دور ہیں سائے بہت

مقتلِ عشق میں سچائی نے
زخم کھائے ہیں رسولوں کی طرح

اِک حرارت سی سنگ میں جاگی
ایک خوشبو سی رنگ میں جاگی

جب بھی برکھا کی پہلی بوند پڑی
تشنگی انگ انگ میں جاگی

آگ اور وہ بھی عشق کی آگ
جلنے والے تیرے بھاگ

حُسن پھر اُس پر حُسن تمھارا
نغمہ ہی نغمہ راگ ہی راگ

مرے عشق میں مرے واسطے نہ کسی کی فکر نہ دسوسے
وہ زمانے بھر سے بغاوتیں تمھیں یاد ہوں کہ نہ یاد ہوں

کبھی میں نے کوئی گلہ کیا تو جبین ناز پہ بل پڑا
کبھی خود بخود ہی ندامتیں تمھیں یاد ہوں کہ نہ یاد ہوں

کہیں راہِ عاشقی میں وہ مقام آ نہ جائے
تجھے میں تو یاد آؤں مجھے تو نہ یاد آئے

کسے یہ فرصت کہ آنکھ اُٹھا کر تمہارے غم کی طرف بھی دیکھے
خود اپنے غم ہی کی آگ میں اب ہر ایک انسان جل رہا ہے

ہائے وہ لمحۂ احساس کہ جب انساں کا
اپنی ہی روح کی آواز سے جی ڈرتا ہے

خوشی پہ تکیہ نہ کرنا کہ یہ زنِ قحبہ
کبھی کسی کے لئے ہے کبھی کسی کے لئے

جستجو سوچ کو اُس موڑ پہ لاتی ہے جہاں
منزلیں ملتی نہیں گردِ سفر ملتی ہے

یوں تو ہم اُن کو بھولے ہی کس وقت تھے اُمید
لیکن کبھی کبھی وہ بہت یاد آئے ہیں

راہ بر اِن سے کیا آشنا ہو گئے
راستے منزلوں سے جُدا ہو گئے

جب سے دیکھا ہے تیرے لطفِ مسلسل کا فریب
ہر نوازش سے لرزتا ہوں کہ دھوکا ہوگا

چونکا دے کوئی حادثۂ وقت اُنھیں بھی
بیٹھے ہوئے جو خوابِ سحر دیکھ رہے ہیں

مجھے بس اتنا تعلّق تھا بزمِ ہستی سے
اُٹھا تو خاک بھی دامن کی جھاڑ دی میں نے

مری رسائی تجھی تک اگر نہیں ممکن
تو سوچتا ہوں مرا ہونا کیا نہ ہونا کیا

کیا غم جو موج موج ہے طوفاں بدوش آج
اُبھریں گے موج ہی سے کنارے بھی ایک دن

ایک غم نا آشنا ہے وقفِ غم میرے لئے
کھو دیا ہے حُسن نے اپنا بھرم میرے لئے

رُخِ پُر نور پہ آنسو کا مچلنا معلوم!
شاید آغوشِ سحر میں کوئی تارا ہوگا

اور کیا چاہتی ہیں مجھ سے نگاہیں تیری
اب مرے پاس ترے غم کے سوا کچھ بھی نہیں

مرے ضمیر میں چُبھتا ہے پھانس کے مانند
مرا وہ جُرم کہ تم جس پہ بدگماں نہ رہے

وہ جسے اپنا سمجھ لیتے ہیں غم دیتے ہیں
شکر کی بات کو موضوعِ شکایت نہ بنا

جو تغافل ہی تغافل نظر آتی ہے اُمید
ایک ایسی بھی توجہ کی نظر ہوتی ہے

کہتی رہے دنیا یہ نسیمِ سحری ہے
ہم تو ترے دامن کی ہوا جان رہے ہیں

اب مرے رازِ محبّت کا خدا حافظ ہے
تبصرے اُس نگہِ ناز تک آپہنچے ہیں

کچھ دیر اجنبی کی طرح دیکھتی اُسے
ایسی بھی اک نظر کی ضرورت ہوئی مجھے

اِک دھواں سا ہے دل وجاں پہ مُسلّط اے دوست
بر بھی چھوڑ اس انداز سے جی ڈرتا ہے

خواہشوں کے حصار میں گھر کر
راستہ گھر کا بھُول جاؤ گے

کچھ اور بڑھ گیا احساسِ تیرگیِ حیات
چراغ ہم نے جلائے تھے روشنی کے لئے

مشترک جذبوں کے کاندھوں پر انا کی لاش ہے
فرد گم ہوتے گئے اور کارواں بنتا گیا

اک طرف ہے شورِ ناقوس اک طرف بانگِ اذاں
عشق حیراں ہے کہ تیری کون سی آواز ہے

اہلِ دانش کی زباں تو مصلحت نے روک دی
بات کیا ہے جو ترا دیوانہ بھی خاموش ہے

بستیاں میرے جنوں پر طنز بن کر رہ گئیں
آج ویرانے کو میں رہتا ہوں ویرانہ مجھے

یہ کس دور لب پہ لاکر حیات چھوڑ گئی
یہاں نہ دھوپ خوشی کی نہ غم کا سایہ ہے

زندگی اپنی کیا ہے کیا کہیے
اک دیا ہے کہ بجھتا جاتا ہے

سلام خانۂ زہرا ترے چراغوں پر
بجھے ہیں شمع رسالت کی روشنی کے لئے

شعورِ آدمیت ناز کر اُس ذاتِ اقدس پر
بشری عظمت کا باعث ہے محمدؐ کا بشر ہونا

www.ingramcontent.com/pod-product-compliance
Lightning Source LLC
LaVergne TN
LVHW010422070526
838199LV00064B/5378
9789358720457